암은
끝내 절체절망의 죽음이 아니라
새 생명의 동행입니다.

소설가 정 병 국
췌장/위/십이지장/담낭/갑상선샘
림프암 투병 생존 시집

새 생명의 동행

지식과사람들

▌책머리에

암(癌)?
끝내 죽음에 이르는 절체절명의 올가미일까?

2008년 1월 15일 췌장과 갑상선샘 암 수술 후 '죽음의 공포' 늪에서 허우적거리다가 어느 순간 용기를 냈습니다.

췌장암, 불치에의 도전.
떠날 때 떠나더라도 완치 생존 불가능의 기적에 도전하자며 산 속 요양보다 일상생활로 돌아왔습니다. 끊임없이 소설을 발표하며 계간문예 '시와수상문학'도 발행일 제날짜에 꼬박꼬박 출간했습니다.

10년 투병기 '췌장암, 그 후 십년' 제하의 원고 탈고를 눈앞에 둔 2018년 11월 20일 췌장암 재발에 위, 십이지장, 담낭, 림프까지 전이됐다는 주치의 진단에 눈을 감았습니다.

–깨끗합니다.
'이젠 안심해도 좋다'는 주치의 축하가 귓가에 쟁쟁한데 췌장을 또 40% 절제하고 위, 십이지장, 담낭까지 다 들어내야 한다니 하늘이 무너지는 절망보다 헛웃음만 나왔습니다.

2019년 1월 30일 대수술 후 8개월의 항암치료 고통 속에서 생명의 끈으로 시(詩)에 매달렸습니다. 자그마치 6종류의 암 중증환자를 멀쩡하게 살려놓은 첨단의술에 소름 돋았지만, 투병 생존 시를 쓰며 뜨거운 눈물도 흘렸습니다.

세상의 암환자들에게 희망과 용기를 드리고 싶었습니다.
한두 종류의 암도 아닌, 소화기관을 소장과 대장만 남겨놓고 다 들어내고도 일상적인 생활 속의 칠십 초반 노인이 간절한 소원으로 암 투병 생존시집을 상재합니다.

췌장, 갑상선샘, 위, 십이지장, 담낭, 림프암 투병 생존 시집에는 기적의 암 치료 비법은 단 한 줄도 없습니다. 오로지 암과 애증의 친구로 동행하는 생존시간만을 시에 담았습니다.

암은 곧 죽음이 아니라 '새 생명의 동행'이기 때문입니다.
세상 모든 암환자의 쾌유를 기원합니다.

2019년 11월 하순에

소설가 정 병 국

▌차례

제1부 생과 사 경계선에서

2007년 12월~2018년 11월 20일

제2부 새 생명의 기적 속에서

2018년 11월 20일~2019년 11월 20일

제3부 새 생명의 빛을 준 사람들

2007년~2019년 11월 30일

제4부 췌장암 외 암 투병 13년 차

2007년~2019년 11월 30일

제1부

생과 사
그 경계선에서

2007년 12월~2018년 11월 20일

아 이렇게 인생이

2008년 1월 9일 오후
입원 수속의 가슴은 공황(恐慌)
직원의 목소리가 아득한 메아리였다

12일 장기이식과 주치의
췌장과 갑상선샘 두 곳 암 중
어디부터 먼저 수술할지 협의 중이라는 회진 설명

그 순간
천길만길 벼랑으로 떨어졌다
아 이렇게 끝나는구나

어차피 죽을 거
두 번씩 고통 받을 거 없다는 절망에
동시 수술을 요청했다

15일 오전 6시 반
수술을 앞둔 초로(初老)
암보다 더 큰 아픔의 절망에
수술실의 마취 순간까지 진저리쳤다

췌장과 갑상선샘 암
아무 것도 할 수 없는 목숨

경계선 입구에서

수술 준비실 입구에서
불안으로 어쩔 줄 모르는 아들에게
쪽지 건네주며 당부한다

잘못돼도 소생시키지 마라
장례는 쪽지의 컴퓨터 주소대로 해라

유언 아닌 부탁으로
아들의 손을 잡으며
이승과 저승의 경계선 입구
수술실 입구를 쳐다본다

환자보호자는
회복대기실에서 대기하라는 안내문
어서 가라는 손짓으로
이승에서 마지막일지 모르는
얼굴을 본다

차마 아버지 앞에서
눈물 보이지 않으려고 애쓰는 아들
어색한 미소에 마주 웃는다

첫발을 내딛던 날

수술 후 중환자회복실에서
일반 입원실로 내려온 다음날
보행보조기 옆에 뿔대를 나란히 세운다

지켜보는 암환자와 보호자들
중년남자가 다가와 출입문 밖까지 도와주며
조심스럽게 묻는다
괜찮겠어요

고개를 끄떡이며
바라보는 긴 복도 앞에서
심호흡으로 첫발을 내딛는다

가슴이 찢어지고
불타는 통증
주저앉는 몸 안간힘으로 세워
두 번째 걸음을 뗀다

일백사십사 미터 복도 한 바퀴
한 시간 만에 정복한 후 입원실에 쓰러지자
터지는 박수와 환호성
살았다는 눈물이 뜨겁다

그 얼굴 볼 수 없을까

수술 후 삼 일째
방귀가 안 나왔다고 죽도 없다

주치의 회진도
마지막 질문은 방귀다

그까짓 방귀가 무엇이라고
암 중증환자를 굶기느냐 따지려다
외면한다

이미 수차례 들은
수술 후유증으로 장이 유착(癒着)되면
또 개복해야 된다는
인턴의 설명만 원망스럽다

오일 째 오후 회진 후
항문 관장약 투입의 불쾌감이 가시기 전
밀려오는 아랫배 통증으로 화장실에 쪼그려 앉자
터지는 방귀

그 순간 살았다는
늙은이의 가슴 쓸어내리던 웃음
그 얼굴 볼 수 없을까

넋 나가다

2007년 12월 29일 독일내과 췌장암 진단
2008년 1월 2일 서울삼성병원 정밀진단 입원 수속
2008년 1월 9일 암병원 입원 갑상선샘 암 추가 발견
2008년 1월 15일 오전 6시 8시간의 췌장과 갑상선샘 암 수술

긴박하게 돌아간 상황
중환자실에서 일반입원실 창가에 눕자
비로소 돌아보는 20여 일

수술 전날 인터넷으로 확인한 췌장암
통증이 왔을 때는 이미 말기로 94%가 치료 불가
6%도 수술 후 예후가 안 좋아 대부분 사망
결국 100% 죽음의 암이라는 병명에
혼미해진 영혼

암 부위 30%를 절제했지만
몇 개월 내 죽는다는 강박관념 속으로
곤두박질치며 넋이 나갔다

의사의 회진 질문조차
귀 닫아 버린 절망의 구렁텅이
밤마다 빠져 허우적거리다가 깬 새벽
창밖 어둠에 자지러든다

일희일비(一喜一悲)

환자 진료대기실
끝줄 구석진 자리에 앉아
전광판의 진료순서가 앞당겨질수록
숨죽인다

새벽같이 채혈하고
췌장암 수술 자리 CT 촬영 후
세 시간째 기다리는 진료

이러한 날이
한두 번 아니거늘
오늘은 불안한 마음이
태산이다

차라리 포기하고
어느 산 깊은 계곡의 바위에
눕고 싶은 초조감

컴퓨터 진료차트를 보며
주치의가 웃거나 심각한 표정에 따라
일희일비(一喜一悲)하는 내가 싫다
그냥 운명만큼 살면 안 될까

암 병동 823호

저지방 우유
빵을 사 들고
입원실로 돌아온다

금식 착오의 저녁
두 손 모아 감사하며
떠올리는 짙은 커피향의 유혹

밖은 눈이 날리고
암이 점령한 가슴은
젊은 날 추억의 찻집을 찾는다

반세기도 더 지난
안개의 숲속 그곳에서 그때처럼
베토벤의 운명을 청하고
블랙커피 기다리다 돌아온
하얀 자리

암 병동 823호
창가의 병상
빵을 포기하고 달빛에 눕는다

내일 점심은 도가니탕

갈비탕과 도가니탕 중 선택하세요
저염(低塩) 음식에 지쳤는데
간호사는 메시아

내일 점심은 도가니탕이야
복도를 함께 걷는 딸에게 자랑하자
쿡쿡 웃는다

아빠 어떡해
뭐가
도가니탕에 반주가 없으니
너 정말

딸아이의 놀림에
새삼 아프기 전 지난날을 돌아본다

술은 빈속의 짜릿한 맛으로
담배는 새벽 눈뜨자마자 피웠으니
몸이 오죽했을까

결국 췌장과 갑상선샘 암으로
이어질 수밖에

불치(不治)에의 도전

꼭 산속으로 가야 하는가
그래야 암을 이겨낼 수 있는가
췌장암은 수술해도 몇 개월 못 넘긴다는데

왜 하필 나인가
이런 끔찍한 병으로 죽게 하는가
묻고 또 묻다 허허 터진 웃음
죽을 때 죽더라도
췌장암의 벗이 되자는 미친 생각에
눈물이 난다

수술한 지 삼일 만에
시작한 췌장암과의 첫 데이트
불치에의 도전에 희망을 걸고 내민 손
처내는 눈빛이 서릿발이다

오늘은 첫 날이니
나란히 걷는 것만으로 웃음 지며
내일을 기도한다
우리는 결국 친구가 될 걸세

쓰러진 약병

약병 두 개
예비약통까지 이십 개도 넘는
그 틈바구니에 누워 있다

서둘러 제자리에 세우다가
밀려드는 불안으로 어쩔 줄 모르는
창밖 비오는 날의 오후

쓰러진 약병이
죽음의 예고가 아님을 잘 알면서도
무너지는 가슴

애써 눈 감고
아버지와 가제 잡던
초가 앞 도랑으로 내닫다가
시퍼런 하늘
신들에게 기도한다

당신들 뜻에 어긋나도
약병처럼 쓰러지지 않은 모습으로
그리 살게 하소서

채혈실의 미소

아침 입곱 시
환자들로 가득한 채혈실
대기번호 3577 차례가 되려면
50명이 지나가야 한다

마침내 왼쪽 팔 핏줄
따끔할 사이도 없이 주사바늘로
빨려나가는 붉은 피
일곱 개의 대롱도 부족했나
한 개를 더 채운다

어르신 핏줄이
심장이 젊은 사람같아요
환자가 아니세요

주사바늘 꽂혔던 자리
소독가제로 덮어주며 미소 짓는 간호사
삼분 동안 꼭 눌러주세요
비비지 말고요

일어서는 가슴
잠시 중증암환자임을 잊는다
천사 간호사의 말 한마디에

가슴 아프게 할 수 없어

50대 중반
긴 머리를 단정하게 묶은
결코 암환자로 믿기지 않는 그는
며칠이 지나도 혼자

가족도 친구도 없는 외계인이냐
물을 수 없어 설마 암 수술 후에도
아무도 안 오랴 빈정거렸는데

대장암 재발 수술 받은 그를
찾아오는 사람은
거짓말처럼 한 명도 없었다

참 못난 사람이네
어찌 보살피는 사람 하나 없소
타박에 가족 친구 모두 자기를 사랑하므로
가슴 아프게 할 수 없어
해외여행을 다녀오겠다 거짓말했단다

내가 봐도 미쳤어요
그렇죠

인동초 꽃씨

금식
채혈
영상 촬영

의학박사 천재들은
언어 저능아
세 단어밖에 모른다

그래도 어쩌면
퇴원이란 말 밤샘으로 익혀
오늘은 자랑할까
회진 기다리는 가슴

겨울 하늘에
한 땀 한 땀 주사바늘로
인동초 꽃씨를 심는다

간절한 기도에

하나님의 은혜
그 사랑으로 완쾌하여
새 생명의 행복을 누리세요

자비의 부처님이
보이지 않는 손길로
쾌유의 기쁨을 드릴 것입니다

젠장
그런 말 믿을 거 없어
그냥 당신의 의지로 버텨
그게 최선이야

문병 오거나
전화로 위로하며 희망 주는
목소리마다의 간절한 기원에
빙그레 웃습니다

입원실 밖 파라솔 탁자에
쪼개놓은 살구
노란 속살에 내려앉는 하얀 나비
어머니가 오셨나봅니다

아들의 연인 1

이슬비가 내리는
암 병동 옆 작은 동산
함께 걷는 아들 눈치를 봅니다

그때 꼭 헤어져야 했니
결혼은 할 수 없었던 거니

시어머니 될 사람이
위암 환자라서 부담되어 떠났다면
미안하구나

아예 아무도 올 수 없는
깊은 산중에서 요양했다면
도시의 너희는 헤어지지 않았을 텐데
미안하구나

자문자답의 아픈 눈길로
누군가와 통화하는 아들 눈치를 보다가
하늘을 원망합니다

꼭
그리하셔야 했습니까

아들의 연인 2

스무 여덟
결혼 적령의 아들에게
큰 충격 안겼다

불치 췌장암에
갑상선샘까지 전이된 암 세포
수술해도 예후를 장담할 수 없다는
주치의 냉엄한 진단

가족 모두 절망으로
그래도 수술에 기적을 거는
아버지의 생명

위암 어머니에 이은
아버지의 운명이 촉각이기에
사랑보다 효를 택해 연인을 떠나보냈다면
아들아
차마 살아있음이 부끄럽구나

곧 삼십대가 될 나이
이젠 자네의 삶을 살면 안 되겠는가
부디 그리하게

하늘을 원망하며

암에 좋은 약초
재배하고 채취한 것만 골라서
오늘 오후 택배로 보냈네

취사선택은
그대의 몫이나 남는 것은
같은 날 췌장암 수술 한 그녀
원주댁이 살았다면 나눠드시게

친구로서 할 수 있는 게
겨우 말린 약초 잎이나 뿌리뿐이니
용서하게

십여 년 전
강원도 산 속 자연인이 된 벗
삼베주머니마다 넣은 복용설명서를 보다가
발견한 제비꼬리처럼 접은 쪽지
가슴 아린 친구 정에 밖으로 나선다

아파트단지 소나무 숲에서
몇 번이고 거는 원주댁
매번 삭제된 전화번호로 안내하는 휴대폰
기어이 빗발 지는 하늘을 원망한다

하얀 마스크

지하철 객실 노약자석
옆자리의 노인이 넌지시 묻습니다
답답하지 안 나요

못 들은 척 하자
민망했던지 헛기침하다가
당신도 손가방에서 하얀 마스크를 꺼내어
슬그머니 착용합니다

그 모습에
웃음 참으며 귓속말을 합니다
항암치료 환자에게 찬바람은 고문이랍니다

말귀를 못 알아듣는 노인
다음 역에서 내리자 콧물을 닦으며
찬바람이 나오는 풍구를 쳐다봅니다

냉장고의 반찬 유리그릇을
맨손으로 꺼내다가 깨트렸을 때
순식간에 밀려온
손가락 마디마디 난도질당하는 고통
그 노인은 짐작이나 할까요

그는 누구이기에

암 화두(話頭)
무엇을 깨닫게 함인가

당치도 않은
수행자 만들어
무엇을 주려는가

삼보삼배(三步三拜)
천 년을 해도 어리석은 중생
풀벌레도 알거늘

작은 바람에 휩쓸려
시냇물에 떠내려가는 목숨
그렇게 보내주면
세상이 무너지는가

그는 누구이기에
오늘도 헛꿈 꾸나

맑은 영혼의 노래

통나무집이든
너와집이든 상관없네

작은 도랑에
피라미 가재 노닐고

밤이면
풀벌레 지천으로 우는 곳

어쩌다가
심마니 인적이 고작이어도

심산유곡의 숨결
그 안에 누울 수 있으면 족하네

이슬 같은 샘물
한 사발에 보리밥 넘치도록 말아

산채나물 소찬으로
삼시(三時) 채우노라면

췌장암 툭툭 털어내고
맑은 영혼의 노래 부르지 않겠나

누군가에게 희망을

컴퓨터 검색은 새로운 병
췌장암 치료의 새로운 정보를
나만 모르는 불안감

너는 아빠의 병에 대한 검색도 안 하니
그걸 왜 해
다른 암은 모임도 많던데 왜 췌장암은 없니
아빠 언제까지 이럴 거야

아빠 마음 이해하면서도
검색에 집착하는 모습이 미워
화냈다가 돌아서며 눈물 닦던 딸아이

투병 5년 1개월 23일째인 오늘
당시를 떠올리며 피식 웃는다
얼마나 불안하고 무서웠으면 그랬을까
참 한심했다는 민망한 웃음

컴퓨터 검색은 지금도 진행 중
아직도 불안감에 쫓겨서가 아니라
암 환자 누군가에게 희망 주고 싶은 욕심
그 때문임을 딸은 알까

환우를 위한 기도

산줄기 끝자락
소나무 숲속의 색 바란 팻말
묵언 기도하세요

산 정상도 아닌
정기 받을 하늘도 없는
새둥지보다 작은 공간의 기도처
눈 감는다

촛불 흔들림에도
파삭 부서질 것 같은 암환자들
혈액종양과 진료대기실의 풍경에
진저리치던 가슴

동병상련의 아픔
기어이 터지는 탄식에
합장으로 신에게 호소한다

삼라만상의 신들이여
묵언 기도의 통곡소리 들리시나요
세상 모든 환자에게
기적을 베푸소서

제2부

새 생명의 기적 속에서

2018년 11월 20일~2019년 11월 30일

그 반전은 계속 진행

수술할 수 없다는 암 진단
어느 환자이든 지푸라기 잡는
다급한 절망으로 허우적거립니다

재발한 췌장암 치료 길은 열렸지만
하늘이 무너지는 죽음의 공황(恐慌)에서
악몽까지 매일 밤 시달립니다

주치의에게 병세를 묻지 못한 건
죽음의 공포 때문
고작 최선을 다해봅시다
대답의 상상만으로도 주저앉습니다

수술 전 회진할 때
주치의 표정 살펴보기가 먼저
어느 순간 당신은 살 수 있다고 확언해 달라
소리 치고 싶었습니다

마침내 수술 일정이 잡힌 날
완치할 수 있다 자기최면을 걸자
놀라운 마음의 반전이 일어났습니다

그 반전은 계속 진행입니다
불치에의 도전은

똥 소동

변(糞))
똥의 상태를 살피라니
기가 찼다

방귀가 아닌
이번에는 똥 소동

12년 전
그때도 그랬나

당시에는
위 십이지장 담낭이 다 있었지만
지금은 하나도 없다

소장과 대장
겨우 30% 남은 췌장이 전부
분(糞)인들 오죽하랴 싶었는데
제 모습 제 색깔이다

인체 자생력의 신비
화장실에서 고개 저으며 웃던
방귀 뀌며 웃었던
두 얼굴 한자리에서 보았으면

45kg의 생명

위
때문일까

담낭과 십이지장까지
버린 탓일까

세 시간 반의 항암주사
아침저녁으로 먹는 열 알의 항암제
죽이라는 암세포보다
나부터 공격해서일까

45kg으로
주저앉은 땅
하얀 흙 한줌 끌어 모으다가
눈 감으며 귀 기울인다

구절초 꽃
백만분의 일도 안 되는
야생초 깨알 꽃들의 목소리

일어서세요
어서요

하나를 버리면

낮과 밤마다
열두 번도 더 끌어안고
토악질하던 하얀 변기

십이 년 후
쪼그려 앉아 눈부시게 닦다가
허허 웃는 가슴에
스며드는 눈물

8차의 항암치료에도
한 번도 토하지 않은 기적
발원지를 찾다가
들어낸 위 CT사진을 떠올린다

하나를 버리면
새로운 하나를 얻는
신의 자비

수물 네 시간 독한 멀미에도
십이 년 전처럼 토하지 않는 기적에
헛기침으로 감사하는
칠십삼 세의 노인

두 엄지발톱

하룻밤
천리 길도 내닫던
발

엄지 두 발톱의 등이
불꽃 없이 검게 타 버리더니
물조차 역겨운 오늘은
바람의 치마 끝자락으로 흔들린다

살짝 건드려도
툭 떨어질
낙엽 같은 발톱 목숨

차마
떠날 수 없는 한(恨) 있음인가
두 발가락에 매달려
간절히 몸부림치는 엄지발톱

내일도
함께 문을 나설 수 있을까
미소의 걸음으로

꿈과 주치의

환청이었나
안개 같은 남자의 목소리
그만 갑시다

이제는 그만 떠날 때라고
앞장세우려는 순간 가위에 눌리며
눈 떴다는 말에
주치의가 하얗게 웃는다

어디였나
구름에 묻힌 산하
홀로 너럭바위에 누운 머리맡에
앉아 계신 아버지
외면한 눈길

꿈에서도 서운해
돌아눕다가 끝없는 공간으로 떨어진
간밤의 꿈
주치의가 또 하얗게 웃는다

진료받기보다
생뚱맞은 이야기만 늘어놓다가
지옥 같은 항암치료실로 간다

미생 불명의 바이러스

144미터 암병동 입원실 복도
수술 부위의 통증을 참으며 걷는데
간호사가 당황한 얼굴로
1인 입원실로 격리한다

병실 출입문에 알 수 없는
안내 스티커 붙인 간호사
면회와 외부 출입 불가를 통보한다

환자에게서
미생 불명의 바이러스가 발견되어
입원실 밖 출입을 통제하며
만부득이 나갈 때 이 위생복을 입어야 한다

화장실 옆 탁자에 올려놓은
푸른색 비닐 가운과 장갑
호기심에 입어보다가 눈을 감는다

미생 불명의 특수 바이러스
어르신에게는 면역이 생겨 상관없으나
암 수술 환자와 접촉으로 전이되면
치명적이라는 말에 진저리친다
오 신이여

격리된 1인실

리모컨으로 조정되는 대형 창문 블라인더
그 밑의 긴 소파 작은 탁자와 의자 3개
냉장고 옆 수도가 또 있고
텔레비전의 자유로운 시청 1인 입원실

첫날은 불안했고
둘째 날은 편안하더니
사흘째 날부터 슬금슬금 기어 다니는
외로움과 답답증

미생 불명의 바이러스로
가족마저 못 오게 한 입원실은
완전 고도(孤島)
간호사와 회진 의사의 독재지배지이다

회진 대화는 고작 일분
그조차 감지덕지가 된 1인실 격리
오늘은 너무 아프다

누군가와 허튼소리라도 하고픈
2019년 2월 중순 금요일 오후
오늘 따라 간호사 출입도 뜸하다

빈혈의 습격

항암주사 예정은 오후 5시경
그때까지의 공백 시간에
긴 복도 창가의 의자에 앉았다가
병원 동산공원으로 간다

시원한 바람과 풀내음
새소리에 잠들었다가 일어나니
반시간 전이다

급히 벤치에서 일어서다
회호리치는 블랙홀로 빨려 들어가는 육신
겨우 안전 목책을 잡고
때마침 지나치는 사람에게
다급히 도움 요청한다

암병원 2층 항암주사실
왼쪽 팔목에서 팔꿈치까지
수만 개의 바늘이 찔러대는 듯한
고통에 눈을 감는다

빈혈이 심각해 수혈 검토 중입니다
혈액종양과 주치의 진단
새파란 유리 파편으로 가슴에 박힌다

살 수 있을까

위생 비닐 가운에
두 손에 비닐장갑 끼고
하얀 마스크로 숨길조차 막고 나선
입원실 밖은 한가롭다

일백사십사 미터
복도를 걷는 환자 한 사람도 없다
휴게실 텔레비전은 저 혼자 떠들고
간병인 서넛 잠들어 있다

일주일만인가
격리 입원실 밖으로 나온
바이러스 격리 암환자

갑자기 발길마다 차이는
죽음의 두려움
서둘러 돌아온 고도(孤島)
창 밖 산을 바라다본다

짙푸른 소나무가 아닌
소용돌이치는 마른 잡목의 환상과 환청
나 살 수 있을까

환자의 우문현답

2019년 5월 14일
암병원 혈액종양내과 분과진료실
주치의가 손을 잡습니다
-지금 살아계시잖아요

빚 없이 떠나고 싶은
중증암환자의 아름다운 정리
-남은 날이 얼마나 될까요

서둘러 출판한 제3의 결혼
중단편 소설집을 내미는 눈빛에
잔잔한 미소로 답합니다
-살 만큼 사실 터이니 걱정하지 마세요

췌장암 재발에 소화기관까지 전이됐으니
곧 죽음이죠
주치의가 고개를 젓습니다
-지금처럼 일하세요

환자는 절망을
의사는 희망을
우문현답에 부끄러움으로 일어섭니다

아들의 마지막 연인

췌장암의 오랜 투병
기적에 감사하며 여러 권의 소설집
문예계간 '시와수상문학'지를 발간하며
문예창작아카데미로 노탐을 채웠는데

2019년 7월 30일 오후 5시
제8차 항암주사를 맞는다
위 담낭 십이지장은 다 들어냈고
췌장도 또 40% 잘라낸 후 소장에 이식했다

췌장암 재발 환자는
수술해도 몇 개월 못 넘긴다는데
오늘의 나는 45kg 몸으로
아들의 보살핌을 받고 있다

세 시간의 항암주사
통증 부위를 따뜻한 물수건으로
달래주는 아들

떠나지도
보내지 않아도 되는
마지막 연인 더 늦기 전 만나기를
세상의 모든 신에게 애간장으로 기도한다

영정 사진 찾던 날

동행한 시인의 눈길에
잔잔히 스미는 눈물을 외면하며
작가 얼굴 사진전 작품이라고 거짓말한다

비 오다 그친
겨울의 을지로 건널목에서
둘둘 말은 사진을 빼앗는 여류시인
목소리가 젖었다

영정 사진전도 있어요
표정이 참 아늑해요
일등 상품은 금관(金棺)이겠네요

빈정거림에
아주 어려운 싸움이지만
제대로 한판 놀아보자던 주치의
미소를 떠올린다

이번에도 살아날 수 있을까
췌장암 재발에 소화기관이 쑥밭인데
신은 또 기적의 생명을 주실까

퇴원 하루 전

퇴원 후
췌담도 위암 수술 후 일상생활
암 슬기롭게 대처하기
화학요법 항암치료의 안내
한 아름의 설명서를 외면한다

차라리 모르는 게 약이라는 속담
그 속 깊은 뜻 아느냐는 질문에
의학과 의술을 첨단과학이라는 간호사
예쁜 얼굴이 한순간 곰 같다

점심시간 입원실로 달려온 아들
병상 탁자의 안내서 소중히 챙긴 후
당 관리 보호자 교실에 다녀오겠다며 나간다

식후 두 시간 후
당 수치가 200이 넘으면
인슐린 주사를 맞아야 한다는
대사내과 주치의 협박 아닌 협박

정오 45분
뿔대 없는 자유로운 몸으로
복도 걷기에 나선다

항암치료의 두려움

화학요법 치료
온 몸에 핵폭탄을 주입했던
2008년 2월 중순 60대 초반에도
견딜 수 없어 더는 못 하겠다고 매달렸던
두려운 기억에 진저리친다

차라리 췌장암과 갑상선샘 암
그 통증으로 사는 날까지 살겠다고 애원했는데
이제 또 항암치료라니
죽음 앞의 목숨이다

어느 암환자는
호랑이에게 물려 죽는 고통이라고
고개를 절레절레 저으며
지독한 악몽이었다고 덧붙였는데

다시 그 길을 걸으라 하니
가장 악랄한 저승사자 주치의
거역할 수 없어 고개 숙였지만
가슴 속에 응어리지는 말

당신도 함께 받읍시다

휴지가 된 췌장암 투병기

우연이었을까
행운이었을까
신촌 독일내과 여의사가 초음파로 발견한
검은 췌장

2008년 1월 15일 06시 30분
장기이식과 수술실에서 살아난 목숨
췌장암 투병이 시작됐다

갑상선샘도 모두 절제한
그 후 십일 년
혈당(血糖)과 혈압 협공에 시달리며
채혈한 피는 내로 흐르고
CT 복부 촬영 때마다 주입한 조영주사는
투병기의 잉크가 됐다

수술 당시 췌장암 사망률은
일백 명당 구십사 명
살아난 환자의 생존율도 오년 미만
늘 죽음과 함께 한 십일 년의 투병기

2018년 11월 20일 휴지가 됐다
재발한 췌장암과 쑥대밭이 된 소화기관과 함께

다시 시작한 이승 살이

선택의 여지가 없는
수술 일정이 몇 차례 바뀌더니
2019년 1월 30일 오전 10시
어디론가 빠르게 흡입되는 어지럼 속으로
아련히 들리는 목소리
전신 마취가 시작됐습니다

아홉 시간 반 후 수술회복실
저승과 이승 몽롱한 영혼의 귀
모든 게 잘 됐습니다
마음 편히 가지세요

모든 게 잘 됐다니
위와 십이지장 담낭을 다 잘라내고
췌장도 또 절제해 소장에 이식했는데
편히 쉬라니
당신들 인간 맞아

새 생명을 준 고마움보다
암 재발의 입원 첫날 분노를 떠올립니다
지난 십일 년 동안 관찰 결과가 이건가
췌장암 재발에 소화 장기의 전이
실험용 인체가 필요했는가

사랑으로

이제서
당신에게 용서구합니다

피 튀던 증오가
어느 날 애증으로 무너지면서
돌아본 지난 세월
그 바닥에는
시퍼런 사금파리 절망뿐이었습니다

위안의 꽃다발 하나 없는
칠십삼 세의 다종 중증암환자
막다른 골목에 쪼그려 앉은
숨 쉬는 미라입니다

왜 하필 나인가
문병 온 사람마다
묻고 또 묻고 싶었던 어리석은 늙은이
아직 버리지 않은 신에게
삼배로 약속합니다

작은 글이지만
투병의 진실을 담겠습니다

틈새의 생명

풀 한 포기 앞에서 숨이 막혔습니다

지하철역 출입구 계단 틈새에
세 잎의 풀 한 포기
그 앞에 무릎 꿇고 하늘을 쳐다봅니다

칠월의 태양
불볕을 온 몸으로 견디는
의지의 생명
찬사 보내다가 눈물짓습니다

어느 바람이
남쪽으로 물고 가다가 놓쳤을
풀씨 한 톨
지하철 출입구 첫 계단과 두 번째 사이
기어이 뿌리 내린 희열의 공간

함께 나눌 기쁨보다
눈물이 앞섬은
아직도 끝나지 않은 암과의 전쟁
두려움 때문일 것입니다

방울토마토의 향기

세 근에 오천 원
한 바구니 사 들고 걷다가
맡는 향기

한 알 입에 넣으려다
멈춘 손안으로 파고드는 불안
유기농이 아니라면
코를 봉지에 박았다가
빙그레 웃는다

먹지 못할 화초 열매를
왜 사 왔느냐고 타박하시면서도
향기가 참 좋다던 어머니

한 번 맛 들린 입맛
치매에 걸렸을 때에도 찾던
빨간 방울토마토

오늘은
항암 치료의 친구로 동행한다
어머니 미소와 함께

제8차 항암치료

정말 마지막입니까
그동안 고생 많았습니다

제8차 항암치료 받는 날
혈액종양내과 주치의가 컴퓨터 차트를 보며
이제 그만 받아도 된다는 말에
눈을 감았습니다

마침내 긴 터널 빠져나와
평원을 달리는 기쁨
다급히 되물었습니다

오늘의 항암치료로
자유의 몸이 되는 겁니까

차라리 죽는 게 낫다 싶은 만큼
45kg까지 추락한 몸무게
이것은 치료가 아니라 고문이다
거부하려 했습니다

새 소설집을 기대한다는 주치의 격려
남은여생의 희망으로 걸어가렵니다

운명을 받아들이며

죄송합니다
아이가 외할아버지인 줄 알고

민망한 미소의 엄마보다
캐러멜 한 개를 쥐어주는 남자 아이
구슬 같은 눈길과 마주한다

암병원 지하 1층 제과점
커피를 사려던 줄에서 빠져나와
머리와 손목에 주사바늘이 꽂힌
네 살배기 휠체어 앞에 쪼그려 앉는다

뇌종양 수술을 했는데
실어증으로 말을 못 해요

엄마의 설명에
먹먹해지는 가슴 달래며
캐러멜 입에 넣자
또 하나를 주며 활짝 웃는 아이

그날 밤
비로소 운명을 받아들이며
아이의 미소를 흉내 낸다

돌아선 발길에

사람은 누구랄 것도 없이
육십 평생에 세 번 죽을 고비 넘긴다는
옛말을 위안으로 되뇌다가
비닐 가운을 머리까지 뒤집어쓰고
비닐장갑 손으로 마스크까지 챙겨
격리 입원실을 나선다

이번이 몇 번째 죽을 고비일까
미처 인식하지 못한 죽음도 있을 터
이십 대 아님 불혹쯤에

복도를 돌다가 멈춘 휴게실
텔레비전에서는 트롯 가수가 애간장 끊고
자리마다 환자와 면회객들의 웃음이
시냇물처럼 흘러 들어서려 할 때
간호사가 앞을 가로막는다

안쓰러운 눈빛에 밀려
돌아선 발길에 밟히는 분노가
슬픔의 끝처럼 가라앉으며
더는 아픔 없는 기도
한숨으로 흐른다

참담했던 2차 치료

췌장암 재발
그것은 사형선고였다
신도 거스를 수 없는

A4 80매의 '췌장암, 그 후 십년'
투병기를 들고 정기검진을 받으러 간
2018년 11월 20일 오전 11시 30분
주치의는 췌장암 재발에 소화기관 전이를 선언한다

그 후 참담한 일정이 휘몰아쳤다
2018년 11월 28일 오후 3시50분 내시경 검사
12월 5일 오후 1시40분 2차 내시경 검사
12월 9일 오후 입원 823호
12월 10일 내시경 시술 중도 포기
12월 30일 수술 의사들 일정 관계로 1차 연기

2019년 1월 16일 오후 3시 수술 일정 확정
1월 30일 위 담낭 십이지장 들어내고 췌장도 또 40% 절제
소장에 이식한 후 식도와 소장 연결
2월 13일 퇴원 28일부터 통원 항암치료 시작

2019년 8월 8차까지 항암치료를 마친
44kg의 미라 늙은이 구름만 쫓는다

그렇게 해가 진다

간간히 눈발 날리다가
햇살 비추는 깡마른 산줄기
혹여 소나무 한 그루 찾다가 돌아설 때
간호사가 눈인사로 들어온다

통증이 심하면 말씀하세요
뿔대의 주렁주렁한 링거 약물을 살펴보다
마치 잊었던 기억이 생각난 듯 말한다
오늘도 여러 분이 헛걸음했어요

면회 사절
1인실로 격리되면서 신청한 지 일주일
한 천년쯤 늙어버린 몰골
힘없는 목소리가 싫어
문병 온 시골 죽마고우도 외면했다

어쩌면 밤사이
병세가 악화되어 죽을지 모른다는
두려움이 해일로 밀려올 때마다
차라리 받아들이는 절망

오늘도
그렇게 해가 진다

삼신할멈과의 해후

여기 앉아요
지하철의 타자마자 자리부터 내주는
노약자석의 머리 하얀 노파

많이 아프시잖아요
우리 영감도 삼 년 전에 갔다오
폐암에 당뇨로 고생하다가

어서 앉아요
못 이기는 척 양보 받은 자리
아직 남아 있는 노파의 체온에
눈을 감습니다

먹는 건 어때요
객실 강냉방에 하얀 마스크를 쓰자
안쓰러운 손길로 무릎에 올려주는
수삼뿌리 한 무더기

힘들 때마다 씹어요
삼각지역에서 내린 노파
날 태어나게 한 삼신할멈이었나 봅니다

그들은 제2의 암

살아서 치료 받는 동안
깨끗하게 정리할 것과 새롭게 할 일
구분하자 마음이 편하다

정말 버려야 할 것은
절망과 죽음의 두려움인데
그것은 버려지는 게 아니다

먼지 털어내듯 탁탁 털어내려고
살만큼 살았으니 신경 쓰지 말자
세상의 모든 생명체는 죽는다
끊임없이 최면 걸었지만

그들은 제2의 암
버리려 하면 할수록 상처만 깊어져
뒤늦게 손 내민 아둔한 사람

절망에게 또 어떤 좌절을 줄 건가
죽음에게 나 언제 데려가려나
물음에 두 친구는 황당한 표정으로
피식 웃는다

우린 그렇게 친해졌다

모두 행복의 지난날로

하루 세 번의 식사 후
입원실 복도를 반시간씩 걷고서도
불안하면 또 병상에서 내려선다

다람쥐가 쳇바퀴를 돌듯
복도를 돌고 또 돌다가 지루하면
반대 방향으로 입원실마다 기웃거린다

빈 병상이 없는 입원실
퇴원 환자에게는 축하를
새로 입원한 분에게는 완치를 기원하며

입원실 명단에서 지워졌다고
건강하게 퇴원한 것이 아님을
병세 악화로 중환자실 이송이 다반사이지만
모두 행복의 지난날로 돌아갔다는 믿음

오늘도
오직 그 하나만을 생각하며
옆구리에 호스가 칡넝쿨로 늘어져 있고,
왼쪽 팔목에 찰거머리처럼 달라붙은 주사바늘
약물주머니 매달은 뽈대를 민다

새 세상으로 떠나자

또
역류다

이슬방울보다 작은
불덩어리에
세상이 무너지고 우주가 깨진다

췌장이었을까
소장의 반란이었을까

숨조차 멈춘
고통의 블랙홀로 빨려 들어가며
여기가 끝이기를
각혈처럼 터진 눈물로 기도한다

이젠
더 버텨낼 수 없는 가슴
영혼을 끌어안고 몸부림친다

그만 떠나자
오로지 샘물만 솟는 새 세상으로

생명의 기적 원한다면

누워서 기다리지 마요
당장 숨넘어갈 만큼 다급해도
일어나 주방 조리대 앞에 서세요

당신이 정말
생명의 기적을 원한다면
재래시장 돌고 돌며 식재료를 사고
음식도 만드세요

맛이 없어서
싱거워서 도저히 먹을 수 없더라도
당신이 먹을 밥상 스스로 차리고 치우며
지독한 병마와 친구가 되세요

옛 삼대 명의는
첫 번째가 마음으로 두 번째가 음식으로
약과 침으로 병을 다스리면 세 번째라고 했으니
환자인 당신이 두 번째 명의로
거듭 태어나 스스로 기적을 만드세요

정말 누워 있지 마요
당장 일어나 밖으로 나가세요
제발

보리 새싹 향기

아침저녁마다 식후 항암제 5정씩
소화촉진제 당뇨 조절약 통풍약
여기에 갑상선샘 호르몬 보충제
책장 서랍 하나에 가득하다

눈을 뜨면
창문 열고 기지개를 켜기보다
약부터 챙기는 손길
십이 년차 다종 중증암환자

위와 십이지장
담낭도 갑상선샘도 없는
암 재발한 췌장 삼십 퍼센트로 사는
외계인의 괴물
오늘 새벽은 보리새싹 차를 준비한다

해빙 앞둔 이월이면
보리밟기로 생명의 숨길 터주던
그때 그 시절
보리새싹 향기로 가슴의 아픔 달랜다

중증암환자의 착시

암병동 퇴원 선물로 받은
인체공학의 최첨단 의자 버리려다가
미국의 딸에게 외손자 건강 묻는 문자를 보낸다

차마 네가 사준 의자
버려야겠다고 말하지 못한 채
떠올리는 딸의 목소리

암 투병은 긴 싸움이에요
무리하지 마시고 좋은 글 쓰세요

십이 년 전
췌장암 수술 후 퇴원한 날
서재의 낡은 나무의자를 밀어낸
검은 인체공학 의자

머리와 목
우람한 상체와 긴 다리가
밤마다 찾아오는 저승사자로 보여
불 끄지 못하는 나날들

암 재발 중증환자의 착시(錯視)
신은 또 무엇으로 죽음의 공포 가르치려는가

시 한 수(首)

뭐지
이것은 또 무엇인가

고층아파트 옥상에서
내려다보는 아름드리 소나무바다
뛰어내리면 온 몸 녹을 것 같은
감미로운 유혹

이승도 저승도 아닌
소나무바다의 작은 물고기로
돌 틈의 푸른 이끼로
그리 머물고 싶은 욕망

암으로 뻐뻔인 가슴
영혼마저 부서버리는 유혹과 욕망은
어디서 온 무엇인가

결코 버릴 수 없는 미련
생과 사보다 더 소중한 무엇이라면
그것은 뭐지

신들도 탄복할
시 한 수(首) 그 품안인가

찬바람의 그에게

잠들면 밤이고
깨어나면 낮이다

하루가
나흘이었다가 육일도 되는
혼란의 세계

오늘은
며칠로 쪼개지려나

아침에 피었다가
노을과 함께 지는 나팔꽃으로
밤에만 피는 달맞이꽃으로
새날을 여는
해와 달의 숨결

우리도 그 품안에서
유유자적하자는 손길 뿌리친
암의 심통에 지쳐
삼백육십일 펼친 자리에 눕는다

찬바람의 그에게
항암주사 피멍 든 팔베개를 내어준다

제3부

새 생명의 빛을 준 사람들

2007년~2019년 11월 30일

문병사우(問病四友)

참 대단허이
의술보다 더 무서운 사람일세
남은 건 심장 허파 간 소장과 대장이라니
자네는 사람이 아니라 외계인
어느 별에서 오셨나

도시보다 산이 안 좋겠나
이젠 다 내려놓고 자네만 생각해
맑은 물 흐르는 계곡
가재와 피라미 미꾸라지와 놀다가
겨울에는 산토끼 굴에서 자자고

살아 있어 고맙네
저세상이 편하다지만 이승만 하겠나
가족과 벗이 있는 이곳에서
천수를 누리세

그놈의 문학이 그리 좋은가
다 죽은 목숨으로 소설집을 출간하고
문예창작 아카데미 강의라니 미친놈이야
다 집어치우고 사는 날까지
편히 쉬라고 이 친구야

문예창작교실은 새 생명

일주일 중
오일 동안은 쓰러져 있고
이틀은 생생합니다

화학요법 항암치료
아침저녁의 항암제 복용 후유증으로
빈혈과 어지럼증에 비실거리다가
월요일과 목요일 한 마리 들짐승이 됩니다

2010년 3월 개강한 문예창작교실
췌장암 투병 삼년 차에 개강한 지 십년
월요일과 목요일 두 시간의 수강생 만남은
신의 축복입니다

오십에서 팔십 대 중반 그들은
45kg의 췌장암 재발과 소화기 암 중증환자에게
문우이자 의사에 간호사입니다

당신들의 시문학 열정 그 몰입은
병들어 쓰러진 환자를 일으켜 세우는
생명의 새 뿌리입니다
오늘도
내일도

언제까지 하려나

교수 퇴직한 후
어슬렁거리듯 산골에서 바다로
해외로 여행 다니는 지인
고개를 절레절레 저으며 오만상이다

일 년에 서너 차례
뜬금없이 나타났다가 사라지는
칠십 초반의 중늙은이

문예창작교실 수강생
과제 시 합평토론의 수업 끝내기 전
전직 교수로 참관한 소감을 묻자
사양하는가 싶더니
칼을 세운다

도대체 언제까지 할 건가
말라비틀어진 몰골에서 겨우 나오는
쉰 목소리 소름 돋으니
이젠 그만 쉬란다

아름다운 인생 마무리
순수함을 충분히 존경하니
이젠 그만 쉬다가 이 세상 떠나잔다

여류시인의 급습

암환자 입원실
창가 젊은이가 중환자실로 옮겨가자
침묵의 강이 흐르는 오후
불쑥 들어오며 웃는 여류시인

이름이 생각나지 않는
당혹감 감추고 맞이하는 순간
떠오른 출판기념회의 뒤풀이 자리

술 취한 그녀의 일성
도대체 시인은 뭐하는 인간들이야
동료 시인에게 끌려 나가면서
손가락질하던 그녀
한 권의 책과 사인펜을 내민다

지난 연말에 출간한
중단편 소설집 '타인의 방'
민망한 얼굴로 쳐다보자 내미는 명함
이름과 휴대폰 번호 뿐이다

재미있게 읽었어요
어서 퇴원하셔야죠
따뜻한 미소에 대수술 불안감을 잊는다

콩나물 할머니

난전의 끝자락
크고 작은 함지박 서너 개로
아침을 연다

여명의 햇발보다
더 눈부신 콩나물의 눈길
발길 잡는다

갓 뿌리 내린
새끼손가락만큼
한 뼘으로 자란 놈들
봉지 봉지 담는 팔십 고령의 할머니
돈보다 건강부터 묻는다

와
아직도 안 좋나
이놈 먹고 완쾌하소

어머니를 닮은 목소리
주책없이 눈시울 뜨겁게 돌아서는
과천 난전의 아침

쑥설기

이른 봄
아직 바람이 찬 들녘에서
한 잎씩 뜯은 새싹 쑥

쌀가루가 없어
절구에 빤 통밀가로로 쪄낸
한바가지 쑥설기

허기 채워준 그 맛 그리워
찾은 서울 낙원동 떡집거리는
오색찬란한 세상
눈부시다

찹쌀로 만든 쑥설기 떡
한 덩어리 집었다가 돌아선
발길 안아주는 목소리

이 사람아
어미 손맛보다
만병(萬病)에 좋은 쑥 음식
꼭 챙겨 드시게

오늘은 딱 한 잔

옛날
자주 갔던 그 집이야
술시 따지지 말고 곧장 오라고

한국이 싫다고 떠난
미국의 동부 작은 도시
한국인은 단 한 명도 없어 좋다며
예서 재혼도 할 생각이라던
그가 서울에 왔다

믿어지지 않는 문자에
정말 뻥코이냐 회신하려다
창밖 하늘을 쳐다본다

며칠째 질척거리며
마른번개와 천둥 치면서
차마 쏟아놓지 못하는 폭우
하늘도 내려놓지 못한 한이 있나보다

혹 인디언 아내와 함께 왔을까
서둘러 우산을 챙겨 나서는 발길
어제 항암치료 받았으나
오늘은 딱 한 잔 하리

스님의 기도

아침저녁으로
부처님께 쾌유 기도하며
벗님의 의연한 모습 떠올린다는

한 곳도 아닌
여섯 장기 암과 당뇨와의 전쟁 속에서도
소설집 출간하는 집념의 열정
그 앞에서 숙연해진다는 스님 말씀
오히려 한없이 부끄럽습니다

오늘은 문득
스님의 첫 시집 '능인의 허튼소리' 시인의 말에서
시는 나에게 화두이며 수행의 한 부분이라고 고백한
그 말 의미를 되새기며
그토록 놓지 못한 문학은 무엇인가
자문자답하다 아린 가슴으로 눈 감습니다

무엇 하나 분명한 것 없는
문학에의 쭉정이
비로소 받아들이는 못난 인생
아무래도 스님의 쾌유기도 막아야
그나마 사람의 도리이거늘

쾌유의 기원 문자

암병동 복도 줄지은 의자마다
환자와 보호자들이 앉아
그칠 듯 끝나지 않는 장맛비를 바라본다

작은 원탁 자리
노인 환자에게 양보하자
달디 단 밤 양갱 하나를 건네주며
하얗게 웃는다

조금만 걸으며 닿는
오른쪽 일반병동 복도를 바라보다
혈액종양내과 항암주사 대기실로 가는 발길
오늘 따라 무겁다

여섯 시쯤 순서가 될 겁니다
오후 세 시 벽시계를 외면하며
끝줄 구석진 의자에서 아예 잠을 청한다

진동하는 휴대폰
연이어 날아오는 쾌유의 기원에
눈시울 뜨거워 헛기침 하는 늙은이

옥수수를 기다리며

신안군 천사섬에 사는 글쟁이
카톡에 옥수수 두 자루에
흑미떡 한 덩어리가 점심이라며
사진 한 컷 올렸다

육이오 전쟁이 끝난 후
초가의 울타리 따라 심은 옥수수
어머니의 손길에 옥수수죽으로
때를 채운
그날들의 기억

흑미떡보다
삶은 옥수수가 입맛 당긴다고 하자
당신 것은 팔월 중순에 수확하니
한 상자 보내겠다는 전화에
두 상자로 욕심 부린다

건강이 회복된다면
그까짓 옥수수가 대수냐며
껄껄 웃음에 묻어나는 정
하루를 새롭게 연다

갈비찜 백반

내일 점심 사시게
좋아요

자시고 싶은 거 있어요
갈비찜 백반

그거 소화시킬 수 있어요
먹고 싶네

한 시까지 출판사로 갈게요
고맙네

문자통화를 끝낸 손길
휴대폰을 내려놓지 못한다
칠십이 내일 모레인 삼십 년 지기

암 투병이 잘못 되면
화장해 동해의 높은 산
천년 바람으로 머물게 하겠다는 사람
내일은 갈비찜 백반보다
술잔 나누며 취했으면

갓김치의 선물

남쪽은 장맛비로
서울은 폭염으로 난리법석인데
입맛은 갓김치 타령이다

사십 년 전이었나
완도의 작은 어촌 취재 후 먹은 고등어조림
무청 시래기의 독특한 맛에 반했던 그날
낮술까지 마셨다

갓을
무청 시래기로 알았던 낯선 음식
까맣게 잊었던 갓김치의 첫맛 기억에
인터넷 구매 검색할 때 날아든 문자

갓김치 갓 물김치 조금씩 샀어요
내일 저녁에 맛보세요

여름휴가 여행 중인 여류시인
고마움 회신 중에 다시 날아온 정
항암에 노화방지 효능까지
탁월하대요

슬픈 오후

속이 노란
절임 배추가 먹고 싶어
마트를 거쳐 난전으로 갔다

장마 때문일까
없는 것이 없는 난전인데
서운한 마음으로 돌아서다가
간간히 들리는 야채 아주머니를 찾았다

여름에는 절임배추가 없어요
내일 오후에 오세요
배추 한 통 절여 놓을 게요

초로의 야채 아주머니
망설이는 눈길로 바라보다가
몸이 왜 그래요
반쪽이잖아요

암이 재발했나요
차마 묻지 못하는 안쓰러움
그 앞에 작은 미소를 남기는
슬픈 오후

짜장면 먹자

쾌청한 아침 하늘
서둘러 지인 몇몇에게 문자를 날린다
짜장면 먹자

고향에 간 시인만 빠진
탁자 다섯 개의 작은 중국집
앉자마자 서로의 건강부터 묻다가
눈치 보는 오랜 지기들

염려 마
항암 치료 견딜 만 하니까
자네들 반주 해야지

매콤한 고추잡채에
중국 독주 이화두주를 주문하자
오히려 걱정스러운 얼굴
무거운 침묵

최후오찬도 아닌데 왜들 그래
날씨가 하 화창해 나들이하는 김에
점심먹자고 했어
자 술잔부터 받으시게

두 여인

부처님에게 합장하듯
공손히 인사한 두 여인의 췌장암 환자
병색이 깊어 목례로 맞는다

암병동 동산의 긴 벤치
나무숲 사이로 쏟아지는 햇살 자리에
앉는 몸짓에서 묻어나는 고통
지저귀는 새를 찾는 양 외면한다

지난달 항암치료 대기실에서
작가님을 발견한 후 너무 놀랐다는
손가락이 앙상한 여인
눈이 젖는다

단편소설집 '타인의 방' 끄트머리에
췌장암 완치라고 하셨는데
말문을 잇지 못한다

위 십이지장 담낭 다 들어내고
췌장도 또 절반 잘라냈다는 말끝에
애써 밝게 웃으며 덧붙인다

절망하지 마세요
두 분은 곧 완쾌하실 테니

참담한 점심 메밀국수

줄지은 사람들
마침내 자리 잡은 유명 맛집
아침부터 입맛 다시게 한
메밀정식 두 짝을 주문한다

동행한 여류시인에게
아이처럼 두 손 엄지 척 하며
먹기도 전에 만족감부터 자랑하는 사이
차려지는 메밀국수
향긋한 양념 국물

항암치료 중 주의사항을 깜빡 잊고
얼음이 사각거리는 국물에
듬뿍 넣은 매끄러운 메밀
한 젓가락에 입 안 가득 넣는 순간
지독한 고통으로 터지는 관자놀이와 입
찢어지는 소장(小腸)

겨우 참아내다가
찬 음식 절대불가라는 거 깜빡했다며
짓는 민망한 웃음
동행 시인의 그렁한 눈물에 잠긴다

복숭아와 포도

어느 때는
물도 역겨워 뱉는다

입에 착착 붙던
묵은 김치부침의 시큼한 맛도
썩은 두엄처럼 속 뒤집는다

임산부의 지독한 입덧처럼
시시각각 변덕부리는 입맛에 지친 날
문병 온 고향 친구가 가져온
복숭아와 포도 한쪽으로 밀어놓고
고향 소식에 젖다가
헤어진 늦은 오후

배고픔에
복숭아 하나 반쪽만 먹고
포도도 몇 알 떼어먹다가 눈 감는다

항암치료는 내가 선배잖아
속이 울렁거리고 역겨울 때 먹어
복숭아와 포도가 자네 생명
지켜줄 걸세

새 생명의 기도

매주 월요일과 목요일은
문학에의 소중한 꿈 나누는 시간
수강생 열정에 무너지던 힘 되살아난다

쉰 듯 가라앉은 목소리
강의를 시작하면 기적처럼 살아나
시간가는 줄 모르고
시 합평 이끌음도 거뜬하다

물 한 모금 역겨울 때에도
쑥떡에 엷은 커피가 꿀맛으로
한 접시 비우는 기적
문예창작 아카데미의 선물로
가슴 아리다

어느 날 지쳐보였는가
당분간 휴강하자는 안타까운 배려
차라리 저세상으로 떠나는 게 낫다며
꺾지 않은 고집에 고개 숙인 수강생들

오늘도 그 모습에
감사하며 가슴 깊이 새긴다
당신들이 주는 새 생명의 기도를

다섯 살 아이의 과자

일요일 오후
구름 따오려는 듯 치솟던 분수 물줄기
가라앉으며 쏟아지는 물안개 속에 핀
무지개의 아름다움

서둘러 휴대폰에 담다가
또 밀려든 현기증으로 쪼그려 앉아
하늘을 원망한다

블랙홀로 처박히는 빈혈도 모자라
시도 때도 없이 크고 작은 현기증으로
늙은이를 몰아붙이냐 항의하지만
소의 귀에 경 읽기

멀미로 남은 고통
벤치에 앉아 삭일 때
과자를 입에 넣어주는 여자아이
다섯 살이라는 엄마 미소에
눈길 맞춘다

다섯 살 여자아이
눈 속의 배냇짓 같은 웃음
이보다 더 순수한 빛 어디 또 있으랴

이 아름다운 세상

공원의 산책길에
만나면 잔소리하던 할머니
며칠째 보이지 않는다

아파도 그렇지
어쩌자고 그런 차림으로 나들이하시나
마나님이 안 챙겨줘
죄 많이 졌나보네

핀잔마다 빙그레 웃으면
눈 흘기고는 휴대폰으로 풍경을 찍던
여든다섯의 할머니

이 아름다운 세상
하늘 멀리 저승 가서 보려고
벌 나비 까마귀 비둘기 까치 청개구리
나무숲 풀잎에 내려앉은 낙엽
그리고 못난 사람도 다 찍었어

소나무에 기대어 앉아
책 읽는 젊은 영감 당신 사진도 있어
자랑스럽게 보여주던 할머니
아직 이승에 머물렀으면

쑥떡과 모시 송편

물도
커피도 헛구역질로 밀쳐냈는데
팥고물도 묻지 않은
알몸 쑥떡이 입맛당긴다

일회용 접시에
몇 조각으로 툭툭 잘려
이쑤시개 하나 달랑 꽂히거나
보름달로 비닐 속에 누운
쑥떡에 손부터 가는 오늘도
문예창작교실 강의는 뒷전이다

한 몫에 먹기 아까워
책상 한쪽으로 밀어놓지만
그것도 잠시 어느새 빈 접시
민망스럽다

어느 날은
모시 송편 팩이 반가워
엄지 척 던진 감사에 삐죽 웃는
참새보다 작은 할머니 시인
몇 년째 이어지는 정
무엇으로 갚나

어머니의 아욱국

아욱이 듬뿍 들어가야
국물도 구수하면서 시원하지

시금치 한 단
아욱 두 단에다 덤까지 담아주는
굴다리난전 할머니

아침은
된장으로

점심은
무장아찌가 박힌 막장으로

저녁에는
매콤한 고추장 아욱국으로
입맛 돋우던 옛날 어머니 밥상

저만치
옥색 한복의 어머니
온화한 미소로 다가오신다

채송화 이야기

부끄러운 듯
앙증맞은 자태가 예뻐서

주황 하얀 노랑꽃이
치마저고리 색동 옷 닮아서

장독대 둘레로
해마다 뿌린 채송화 꽃씨

27년 전
소천하신 어머니
꿈에 오시어 당부한 말씀
가슴 뜨겁다

아범
채송화 꽃이 피었네
암 이겨낸 건강한 손길로
몇 송이 보내게

그 자리 꼭 부르게

이보시게
요즘도 암환자라고 앉아서 밥상 받나
보호자 없이는 산책도 안 하고

일전에 시와 함께 올린 텃밭
고추와 가지 웃자란 상추 잎이 무성한 아욱을
뚝뚝 따다가 가족 밥상 차려보시게

솜씨 없어도
집 된장 간장이 맛을 돋워줄 테니
아욱 된장국에 가지 무침 풋고추 상추쌈
울안 감나무 그늘진 평상에 차려
가족 탄성 속에 한바탕 웃게나

어린 시절 어머니가
더위 먹지 말라고 말아준 된장 오이냉채 국
후식으로 한 국자씩 퍼주면
올여름 거뜬히 보낼 걸세

이보시게
그 자리 꼭 부르게
병상 밀어내고 한걸음에 달려갈 테니

천수(天壽) 팔자라

참 끈질긴 목숨
천년만년 살 운명이라
백일기도 부적은 안 가져왔어

삼십 년 전 불혹에
강신무가 되어 신당으로 초대
삼신(三神)에게 삼배하라며 징을 친
영어 선생이었던 그녀

정갈하게 쪽진 머리
승복 차림의 문병 첫 마디가
천수(天壽) 팔자라 암에 안 걸렸으니
엄살떨지 말란다

칠순 고개 넘어야
만복 누린다던 옛 점괘 들먹거리자
미소로 손을 잡는다

암 투병은
삶의 수행(修行) 그 깨달음으로
시와 수필 소설을 발표하니 그게 만복이지
아직도 부귀영화 타령이냐는 귓속말에
터지는 웃음 얼마만인가

지팡이를 짚으며

길바닥에
나뒹굴었다는 한 마디에
달려온 죽마고우 지팡이부터 내민다

중국에서 다리 다쳐 짚었던
명아주만큼이나 가볍고 단단한 놈이라며
친구 삼아 데리고 다니다가
힘들면 의지하란다

중증암환자가 아니라도
이제는 지팡이 친구가 필요한 나이
부끄러워하지 말게

혀 차며
얼굴의 상처 외면하는 눈길에
세월보다 더 깊은 우정
잔잔히 흐른다

이마와 입술 잇몸까지
봉합 수술한 응급실에서
지팡이 짚은 발자국마다 고이는
삶의 애환
어느새 이 나이가 됐나

애호박순 된장찌개

어머니의 손맛이 그리워
굴다리 난전 허리 굽은 할머니 노점에서
애호박 감자 파 풋고추 양파를 사며
호박순은 없느냐 묻습니다

잡목 울타리를 휘감은 호박덩굴
노란 꽃송이도 떨어지지 않은 애호박 순을
뚝뚝 따다가 끓이던 된장찌개

화롯불의 이 빠진 뚝배기
자글자글 끓는 소리에도 보리밥이 꿀맛이었던
그 입맛으로 돌아간다면
항암치료의 역겨움 거뜬히 밀어내려만

갓 달린 애호박
여린 호박순 없는 된장찌개에
오곡밥 상차림이 무슨 소용이랴

차라리 간절한 기도로
현몽한 어머니가 끓여 주는
애호박순 된장찌개
그날을 다소곳 기다리렵니다
천 년 후일지라도

한 젓가락만이라도

오늘은
시금치 삶은 물로 멸치 국물 내어
메밀국수를 말며 기도합니다

한 젓가락만이라도
맛있게 삼키도록 하소서

일주일 삼시세끼에도
물리지 않던 그 맛 떠올리며
몇 가닥 조심스럽게 먹으려다가
싱크대 개수통에 뱉습니다

이러기를 십 수 년
만들었다가 버린 수만 가지의 음식
못 먹으면 죽을 것 같았던
옛 보리개떡도 사약보다 쓰고 역겨워
포기하면서 또 다른 무엇을 생각합니다

어쩌면 또 다른 무엇
그 식재료 찾아 재래시장을 헤맨 발걸음이
오늘의 생명 기적을 찾았나 봅니다
여섯 암으로부터 살아남는

기도하는 여인

촛불도
십자가도 세울 수 없는
침묵의 공간에 엎드린 여인

숨소리조차
삭은 가슴으로 찾는 신
어디에 있어
더욱 간절하게 하나

이슬 구르는
새벽 풀잎으로 제단 만들어
양의 붉은 피 강을 이루면
햇발로 오시어

새 생명의 씨앗
피골상접의 영혼에 심어주며
미소 지으려나

나의 신도
그리 하시려나

천년쯤 살아

눈 녹는
도랑의 숨결에 누웠다가

쥐불 놓은
논둑에서 싹 틔는 쑥부쟁이
배내눈길 맞추다가

너럭바위에 앉아
오르지 못할 산마루 우러르는
해빙의 오후

더는
자를 것 없는 빈 가슴의 기도
신은 용서할까

천년쯤 살아
시 한 수 남겼으면

밥이나 한 끼 함세

영정 사진을 둘둘 말아
겨울 거리로 스며드는 오후
눈발 비추다가 찬바람만 뒹군다

사통팔달의 건널목
사람들 따라 무심히 건너다가
돌아서 찾아간
죽마고우 서예연구원

낡은 건물 오층
출입문에 붙은 휴가 중 세 글자
그 밑에 흩어져 있는 신문과 편지

계단에 앉아
가쁜 숨 고루다가
신문은 날짜별로 차곡차곡 쌓고
편지도 발송일로 챙겨놓은 후
세 글자 밑에 문자 남긴다

출근하면 전화 주게
밥이나 한 끼 함세

853호 환자들에게

853호
육 명의 췌장암 환자 입원실
돌아누워도 날아드는 절망의 신음소리
일어나 앉는다

2008년 1월 15일
췌장과 갑상선샘 암 수술을 받은 후
회복실에서 느낀 두려움
얼마나 살까

오년 지나 십년이 다가와도
벗어날 수 없는 끈질긴 죽음의 공포
이제는 애증의 친구가 되어
소설을 함께 쓰거나
시를 읊었는데

2019년 1월 30일
췌장암 재발과 소화기간 전이로
대수술을 앞둔 전날
853호 환자들에게 당부한다

절망하지 마요
여기 늙은이가 이렇게 멀쩡히 살아 있잖아요
췌장암 수술 십년 후에도

이놈보다 못한 인생

설탕 뿌린 구운 감자
한 봉지 사들고 그늘 의자로 간다

팔월의 폭염 속으로
관광버스에서 내린 노인들
어느새 손마다 먹을거리 들고
파라솔 빈자리 채운다

옆자리에 앉는
허리가 굽은 노파
손에 든 커피가 쏟아질 듯 위태롭다

산골 밭농사로 늙고 병들어
원통해서 경로 관광버스 탔는데
가슴만 아리다며

건네받은 감자 한 알
실눈으로 바라보기만 하다가
노랗게 익은
이놈보다 못한 인생
자꾸만 눈물겹다며 하얗게 웃는다

일 년이라 해도

실소 말고
그냥 허허 웃자

공염불 된 암 투병 십이 년
까치 꼬리에 매달아
훨훨 날려 보내고
새날을 살자

살아 있을 세월
설사 일 년이라 해도
365일 얼마나 많은 나날인가

한 땀 한 땀
옛 여인의 바느질처럼
오늘은 민들레
내일은 바람에게 정 심으면
욕심의 질곡으로 살아온 칠십 평생보다
더 소중한 삶의 숨결

남은여생
오로지 그리 살자

제4부

암 투병 생존 13년 차

2007년~2019년 11월 30일

무슨 죽을 죄 지었다고

창문을 닫아도 들리는
장마 빗소리
뼈 속으로 파고들어 아리다

자정 넘은 깊은 밤
차라리 부셔버리고 싶은
칠십 세 살의 목숨
미련 버리면 끝이거늘

이러지도
저러지도 못하며
속으로만 외치는
무슨 죽을 죄 지었습니까
하늘이시여

남은 목숨
얼마나 된다고 또 혹독한 항암치료입니까
그냥 시답잖은 시와 수필 소설 나부랭이나
끼적거리게 내버려뒀다가
귀신도 모르게 데려가면 안 됩니까
천지만물 신이시여

첫 수저의 해일 파고

또
깜빡했습니다

물컹한 도토리묵 한 조각
양념간장을 살짝 찍어 깨물다가
관자놀이 짓누르며 주저앉습니다

양쪽 관자놀이에
정을 꽂고 망치로 동시에 때리는
통증과 고통은
세상까지 새까맣게 무너트립니다

화학요법 항암치료의 부작용
물 한 모금도 첫 술은 이슬에 입맞춤 하듯
부끄럽게 마셔야 하는데
꿀꺽 했다가는 불지옥에 처박힘을
깜빡했습니다.

무엇을 먹던
첫 수저의 해일 파고
차라리 암 통증이 나은 것을

저세상으로 떠나실 텐가

뉘였나
이곳으로 부른 이는

장마 그친 오후
하얀 나비가 지천인
작은 공원

빈 벤치에 앉아
나비들의 춤 즐기려다
단풍나무 그늘에 눕는다

붉은 단풍잎 틈새
조각 난 하늘을 따먹다가
환청에 귀 기울이며
부끄러움으로 눈 감는다

어떠신가
어떠신가
그까짓 암 하나 못 이겨내고
이리 아름다운 세상 두고
저세상으로 떠나실 텐가

양재천의 잉어

햇살 들락거리는
한강의 작은 발원지류 양재천
두 발 담그려다
한 걸음 물러선다

아직 아물지 않은
항암 후유증으로 새까만 엄지발톱
차마 맑은 물에 빠져 흐를까
두려움에 움츠리다
손만 씻으려 다가선다

유유자적의 잉어 무리
먹이 주는 줄 알고 모여들다
사라지는 꼬리들
미련 많은 춤사위다

늘
빈손이었던 부끄러움
내일부터 고수한 현미 튀밥
꿀에 재워 가져오면
잉어가 눈빛을 마주할까
그럴까

투명 우산의 유혹

하늘의 소리를 듣고 싶어
흰 장화에 투명 우산을 들고
찾은 청계산 산기슭

작은 바위에 앉아
풀잎에 누운 바람에게
장대비는 언제 쏟아질까
귓속말로 묻자
고개를 잔잔히 가로젓는다

엿들은
깨알보다 작은 풀꽃 한 송이
밀려드는 먹구름 가리키며
잎 속으로 숨는다

바람은 아니라고
풀꽃은 폭우가 온다고
짓는 미소에 하늘을 우러른다

암환자 입원실 유리창을 두드렸던
하늘의 가슴 소리
오늘은 나만의 사랑으로 듣고 싶어
활짝 펴는 투명 우산

어머니의 밥상

울타리도 텃밭이었던
춘천시 변두리 퇴계동의 초가삼간
어머니는 늘 부엌에 계셨다

아버지와
육남매의 자식들 저녁밥상
울타리에서 딴 애호박 수제비
애호박전이 수북했다

풋고추 된장 옆에
울타리 텃밭에 매달린 오이가
된장냉채국으로 여름 입맛 돋우고

수세미는
팔등신 긴 몸매로
달빛 불러
가난 속의 행복을 찾아주었던
그 시절 그리워

오늘은
항암 식이요법이 아닌
어머니의 밥상 차려드리다 젖는
눈썹 하얀 눈시울

새 세상 산책하며

차라리
주저앉아 통곡하고 싶다

새 생명의 기적
환희로 매일 창문을 열 줄 알았는데
긴 세월의 암 투병 때보다
더 암울하다

위와 십이지장
담낭과 갑상선샘까지 다 절제하고
췌장마저 또 잘라내고
소장에 이식하는 대수술에도
절망하지 않았는데

새 생명
새 세상을 거머쥐고서도
어쩌자고 삶의 갈등으로 핍박하는가

죽음을 이겨낸 환희
이제는 미련 없이 내려놓고
새 세상 산책하며
그 또한 극복해야 하잖은가

낡은 배

이른 새벽이어도
강변이었으면
코스모스 꽃이 반겼겠지

산길이었다면
토끼 노루가 마중 나와
이슬 샘 건넸을 테고

섣달 눈길에도
소나무 잣나무 자작나무 사이
빨갛게 언 싸리나무가 손 내밀며
웃었을 텐데

바람 한 점 없는
침묵의 늪 고요 속으로
닻도
돛도 없는 낡은 배
스며들고 있다

하얀 나비로

햇살도
나뭇잎도
꽃도
홀로 보자

바람이
구름이 다가와 손 내밀어도
홀로 걷자

석양이
은하수별이었다가
여명의 숨결을 만나면
그때 수줍은 듯
웃자

하얀 나비
흰 날개로 날아올라도
홀로 빙그레 웃자

여명의 숲으로

들꽃 향기도
하얀 귀밑머리처럼
슬퍼지는 날

갈대 한 줄기로
강태공 없는 강가에 누웠다가
서산(西山) 노을 따라
소리 없이 떠나면서

바다로 흐르는
살풀이춤 강물 물결에
아직도 삭히지 못한 분노들
안겨 보내고

달빛이 머물다가
별빛이 흐르다가 숨는
여명의 숲으로 가자

찰나로 사라지는
그 숲으로

뜨거운 눈물

한(恨)은
강물에 풀고

사랑은
구름으로

욕망은
바람으로 떠나보내고

억겁 바위에 누우면
어머니 품속이거늘

천년 살고픈 갈증으로
숨 막힌 목숨

어느 날에
산새 소리 가슴 가득 안으며
뜨거운 눈물 흘릴까

세월

세월에게
술 한 잔 권한다

말없이
잔 비우고 돌아서는
그림자

두 팔로
앞을 가로 막으니
빙그레 웃는다

보이지 않는
커다란 손으로 밀어내고
떠나간 자리

바람도
햇살도 없다

머리 하얀
목숨 하나
외롭게 서 있다

늙은 중생

솔바람
멧새 숨결이
돌거북 샘으로 일어서는
산사의 아침

노승의 천수다라니 독경
풀잎 이슬로 구르다가
햇발로 떠오르고

서툰 합장의 늙은 중생
돌계단에 앉아
보주가 깨진 삼층 석탑 바라보다
일어선다

법당을 향한
어설픈 합장으로 사찰을 나가는
등 굽은 그림자
나무숲 그늘이 덮는다

그는 이제
어디서 또 만나는 나그네일까

하얀 목숨

연주대
천길만길 부채살 벼랑에서
초겨울 바람을 본다

고희 넘은 나이에도
삶의 희비애락 추억조차 낯선
어리석은 넋

한 점
구름 찾아
파랗게 언 하늘을 본다

바람에 우는
처마의 풍경소리
산비둘기도 덩달아 울다가
날아간 곳은
이 땅의 어디일까

오늘도
고개 숙인 침묵으로
하늘에게 갈 곳 묻는
하얀 목숨

조석지변의 욕심

눈
뜨기가 두렵다

하루에도
열두 번씩 뒤엉키는
가슴의 굴곡

무엇을
어쩌자는 건가

사노라면
어둠의 터널에서
신을 증오할 때도 있는데

새 삶의 목숨
그 아름다운 세상 앞에서
얼마나 더 호강하려고
조석지변인가

하늘이
이제 그만 거둬가도
감사하며 뒤따라야 할 사람이

친구가 되었으면

또
불현듯 서러운가요
왜 하필이면 나냐고

온갖 암으로 죽을 만큼 저지른
죄명을 나열하라고 아우성치고픈
분노에 그만 터진 눈물
가족들도 차마 지켜보지 못한다

2007년 12월 29일
독일내과 원장의 췌장암 진단에
신을 증오하던 어느 날
삶의 수행 도반으로 받아들이자
죽음의 두려움도 사라졌다

그 후 십이 년
더 큰 암으로 재발했으나
오늘도 여전히 벗이다

그대들도
이제는 그만 운명으로 순응하며
암에게 손 내밀어 친구가 되었으면
그리 되었으면

사랑하는 생명

신선한 먹을거리가 지천인
시골 한 번 다녀가라면서 보내온 사진
원두막 아래 노란 참외 유혹에
당일치기 여행 강행하다 중도 포기한다

갑자기 밀려온 복부 통증
빈혈도 함께 일어나 혼절 직전의 귀에
속삭이는 목소리

그거 봐
떠나지 말라고 했는데 꼬락서니 좋다

암의 빈정거림에
아침 밥상에서 티격태격한 말을 되뇐다
언제까지 누워 있게 할 거야
난 떠나겠어

오늘 도전은 실패였지만
강과 바다 산으로 떠나는 여행마다
새하얀 구름에 새기리

암과 나
생명을 사랑한다

애증의 벗

벗이라면서
그렇게 헤어지고 싶어

채혈과 CT 촬영을 마치고
조영제 주사의 후유증에 몽롱한데
암이 큰 목소리로 투덜거린다

아니
넌 애증의 벗이야

촬영 순서를 기다리는 환자들
빈자리를 찾다가 병동 밖으로 나와서
대답하자 코방귀다

웃겨
사기꾼 주제에
나를 하나씩 버린 게 누구지

침묵하자
너를 지금도 죽일 수 있어
친구만 아니면
애증의 벗만 아니면

슬픔은 산 자의 몫

병들고 늙으면
눈물밖에 없다더니
연속극의 연인 이별도 외면합니다

현실이 아닌 가상 화면에
실바람처럼 스며드는 쓰라림
젖은 눈으로 격리입원실 밖 겨울을 바라봅니다

하얀 눈꽃이 만개하면
미치도록 아름다울 산줄기
오늘도 기다리는 함박눈은 없고

깡마른 나무숲
그조차 안쓰러운 가슴이 묻습니다
정작 슬픔에 통곡해야 할 사람은
누구냐고

뜨거운 눈물 속으로
부서지며 가라앉아야 할 그가
오히려 빙그레 웃습니다

슬픔은 산 자의 몫
곧 떠날지 모를 절망에 냉정해진다며

정말 우연일까요

한세상 사노라면
이해 못할 우연한 일로
허허허 웃거나 분노한다지만
목숨 앞에서도 그럴까

황당함보다 어이가 없어
하늘을 꿇어앉히고 따지고 싶다
뭐하는 짓이냐고

췌장암 첫 시련은
2007년 12월부터 2008년 2월말까지

췌장암 재발로 두 번째는
2018년 11월부터 2019년 2월 말까지

첫 수술은 2008년 1월 15일
12년 후 두 번째는 2019년 1월 30일

이왕지사 연말과 연초로 올가미 씌었으면
재발 수술도 1월 15일로 할 것이지
보름 시차로 눈가림한 간악한 우연
그 진실 하늘에게 직접 듣고 싶다

구순의 노모

크고 작은 약물 주머니가
주렁주렁한 링거 뿔대를 밀며
입원실마다 기웃거리다가 돌아온
병상 접이탁자에 과일 접시가 놓여 있다

껍질 벗기고 작게 자른
바나나 키위 토마토 그리고 우유 한 컵
주위를 둘러보자
맞은 편 말기 췌장암 환자의 노모
어서 먹으라는 손짓에 울컥 밀려드는 아픔

만 구순(九旬)에
초로(初老) 아들 앞세울 운명에도
따뜻한 미소로 간병하는
자애로운 눈길

고개 숙여 감사하자
웃으며 어서 먹으라는 손짓
바나나 한 쪽 입에 넣는 순간
목 메여 눈 감는다

신이여
기어이 노모보다 아들 앞세우렵니까

손톱도 까맣게

기어이 파고든
보이지 않는 검은 거머리 빨판
엄지에서 검지 중지 손톱이
조금씩 검게 죽는다

열손가락 끝마디
잠결에도 오므리는 아린 아픔
작은 충격에도 소스라친다

절대 차가운 거
맨손으로 만지면 안 된다는
혈액종양내분과 주치의 주의에도
무심히 꺼내던 냉장실과 냉동실 음식그릇
감전 같은 충격으로 깨트리기 수차례

일요일 저녁
식전과 식후 당 수치 점검마다
약지를 찌른 침
핏방울 깨알만큼만 필요한데
솟구치듯 흘러내린다

암보다 더 두려운 후유증
화학요법 항암치료 그만 끝났으면 좋으련만

아버지의 우동

우동도
메마른 사막 같다
나무젓가락을 든 채 바라보는
창밖 빗줄기

백수(白壽) 아버지와 먹던
중국집 우동 한 그릇 거뜬히 비우리라
설렜던 가슴 먹먹하다

유리벽에 흐르는
빗줄기 잡으려 손 내밀다가
감은 눈 속으로 파고든 목소리

아범아
국물이 참 시원하구나

그날처럼
그릇 채 마시려다가 터진 헛구역질
눈물범벅으로 무너지는 고통 속에서도
하얀 수염의 아버지가 보인다

죄송해요
주신 몸 병들게 해서

쾌유 비는 기도로

굴다리 난전
채소만 파는 할머니에게서
애호박과 쪽파를 산다

오늘 저녁은
현미 보리죽에 애호박전 쪽파무침으로
깔깔한 혀끝 입맛 돋우고
보리새싹차로 닫힌 가슴 열리라

걸음 재촉하다가
불현듯 떠오른 목소리
해질녘 빈 하늘을 쳐다본다

퇴원하면 황토 집으로 초대
청국장에 산채나물 무쳐 드리리다

암병원 823호 옆 병상의 최 교감
어느 깊은 산골의 자연인으로 돌아가
약초 뜯을까

오늘 저녁 식탁에
그의 수저도 놓아야겠다
쾌유 비는 기도로

돼지고기 비지찌개

또 실패였다
두부는 고사하고 콩국도 멀겋다
비지를 건졌으니 그나마 다행

두 번째 도전 부추긴 것은
농가 툇마루의 어처구니가 없는 맷돌
색 바란 추억의 사진 신문기사였다

서너 시간 불린 콩
믹서로 갈아 끓일 때 물 잡기 실수로
한강수가 된 콩 국물
천일염 녹인 간수를 뿌렸으나
순두부는 간 곳 없다

그래도 체로 바쳐낸
반 사발의 가루 같은 순두부에
양념간장 살짝 뿌려 먹으니
웃음이 절로 난다

저녁에는
묵은 김치 돼지고기 비지찌개로
암 치료에 지친 입맛 되살려야겠다

차마 묻지 못하는 가슴

우리의 동행
언제 어디에서 어떻게 끝이 날까

무심히 물으니
눈으로 낮달 가리키며
고개 젓는 얼굴에 번진 미소

한두 해도 아닌
자그마치 십삼 년째 애증으로 살아
속마음 훤히 읽었는데
오늘은 오리무중이다

헤어지면
그리움의 낮달로
추억마다 머물겠다는 미련일까

아직 빼앗지 못한 목숨
뒤늦게 후회하는
암의 솔직한 고백인가

차마 묻지 못하는 가슴에
노을이 물든다

어머니의 호박잎 말이

온종일 메슥거리는
위 십이지장 담낭이 없으면서
토악질할 것 같은 속

소고기 생선 한 점도
삼키지 못하고 뱉는 반복의 수저질은
가족도 함께 할 수 없는
고문 현장이다

지쳐 누운 잠자리
생시 같은 육십오 년 전 봄소풍
깨소금에 무장아찌 박은 보리밥 호박잎 말이
김밥처럼 자른 도시락
삶은 달걀 하나

급우들과 떨어져
소나무 그늘에서 혼자 먹다가
가위에 눌려 깬 꿈마저 아프다

날이 밝으면
굴다리 난전에서 호박잎 사다가
어머니 흉내를 내면
암도 돌아서 눈물 훔치려나

오늘도 빈손으로

비 그친 하늘
여우비였나
구름 한 점 없다

지팡이가 된 우산
아스팔트 짚는 소리 따라
걷다가 멈추다가 다다른 양재천
잉어 떼의 반김이
민망하다

오늘도
빈손으로 찾은 건망증
항암치료의 후유증이려니 하기에는
너무 잦은 반복

현관 신발장 위에
하나 둘 쌓인 잉어먹이
유통기한 지나지 않았을까
서둘러 돌아서는 발길
허허로운 웃음이 채인다

헛기침에
잉어 떼의 눈빛이 채인다

침묵의 눈웃음으로

새벽
커피를 내리며
문득 달력을 쳐다본다

처서
무더위가 물러가는 날
창문 열고 하늘 마시다가
눈 감는다

연말 전에
암 투병 생존시집 출간하여
혼자만의 축하 촛불 밝힐 수 있기를

노을 지는 저녁
행여 누군가 축하주 들고 온다면
침묵의 눈웃음으로 잔 부딪칠 수 있기를
다가올 겨울에게 기도한다

입추 지나 처서지만
아직은 열대야가 묻어나는 새벽
커피를 마신다
투병 생존 시 다듬으며

암 친구들은 알까

전쟁에서 이겼나
온종일 비둘기 날던 공원 숲에
까마귀가 진 치고 사람마저 몰아낼 기세다

어쩌나 보려고
작은 돌멩이 던지자
도망은커녕 떼로 불러 모은다

돌팔매질 당한 녀석이
나뭇가지와 가지로 날아다니며
요란하게 울어대자
극성맞게 아우성치는 놈들

영화 알프레드 히치콕의 새
그 부리로 끔찍하게 공격할 것 같은
소름 돋는 두려움
고함과 함께 손뼉을 마구 치자
까맣게 날아오르는 까마귀

태양의 새 삼족오 후손
저들은 언제부터 저승사자가 되었나
암 친구들은 알까

신기루 남자

수요일과 토요일마다
가슴 터지게 달리며 여명 열었던
양재천 산책로에 가을비가 내립니다

물살 가르는 징검다리에서
유유자적 잉어 떼의 유희 바라보다가
슬그머니 돌아섭니다

비닐우산을 때리는 빗소리
무수한 화살촉으로 온몸에 박혀
하늘을 쳐다봅니다

끝없는 공간을
지치지 않고 달리는 남자의 신기루
하나 둘 헤아리다가
고개 숙입니다

오늘은 걸음조차 버거운
중증암환자의 비오는 오후 나들이
양재천의 풀꽃에게 묻습니다

기억하나요
신기루 남자가 누구인지

구름만 탓하네

벼락 맞을 소리 함세
탈고 전의 암 투병 생존 시 읽으며
미친놈이라 투덜거렸지만
욕 한 번 제대로 해야겠네

쳐 죽일 놈
이승에서 못 쓴 투병 시
저승 가서도 써라

암과 죽음
신의 저주보다 더 깊은 절망의 늪인데
천년지기처럼 희희덕거리는 여유
그게 어찌 사람의 모습인가

차라리 하늘 향해
에이 더럽다 더러워
엿 같은 인생 가져가라
악을 써야 동정의 눈물 쏟지 않겠나

암은 죽음이 아니라
새 생명의 동행이라는 미소
그 참뜻 헤아리지 못하니
공연히 떠도는 구름만 탓하네

▌책 끄트머리에

생로병사(生老病死).

태어나고, 늙고, 병들고, 죽는 사고(四苦)에서 생명의 탄생만 빼고 나머지는 툭툭 털어버릴 수 있는 재주만 있다면…….

정말 그럴 수 있다면 다시 태어나 삶의 희로애락을 만끽하며 천년만년 살고 싶은 욕심이 가슴 아리게 했습니다. 12년 전 췌장암 수술을 받은 후 몇 달 더 살 수 있을까 절망하다가 문득 떠올릴 황당한 상상입니다.

'췌장암, 그 후 십년' 투병기를 탈고할 무렵인 지난해 11월 말 췌장암 재발에 위와 십이지장, 담낭, 림프선까지 전이됐다는 확진에 그게 사실이냐, 되묻지도 못했습니다. 허탈한 헛웃음으로 겨우 여기까지인가, 라는 자문(自問)만 반복했습니다.

암이 전이된 소화기관을 다 들어내고, 남은 췌장도 또 절반 이상 절제한 후 8개월의 항암치료를 받는 동안 너무 고통스러워 차라리 죽고 싶었습니다. 칠십 고희도 넘겼으니 살만큼 살았다는 생각에 모든 치료를 포기하고 조용히 인생을 마무리하자는 유혹 앞에서 불면의 밤도 보냈습니다.

어느 날, 청계산 기슭의 약수 한 모금 마시려다가 '아름다운 정리'라는 생존 가치의 의미를 찾아냈습니다. 암 투병의 명분을 어떻게 하든 살아남겠다는 생명의 연장, 욕심이 아니라 '정병국 문학의 정리'에 두자 마음이 한결 편안해졌습니다.

아전인수이지만, 이승에서 마지막으로 뜻있게 일하자는 선택이 마음의 문을 열어주었습니다.

처음에는 그동안 문예지에 발표한 소설과 미발표의 소설집 외 콩트집, 수필집까지 출간을 서두르다가 항암치료로 45kg까지 추락한 몸에 무리가 와 쓰러졌습니다. 그때 지친 몸을 추스르며 다시 떠올린 것이 생로병사(生老病死)였습니다.

태어나고, 늙고, 병들고, 죽는 사고(四苦)에서 생명의 탄생만 빼고 나머지는 툭툭 털어버릴 수 있는 재주만 있다면…….

췌장암 재발과 소화기관 전이로 '췌장암, 그 후 십년' 투병기를 버렸으나 6가지의 암 투병을 시에 담기로 했습니다. 그렇다고 '생로병사(生老病死) 중 노병사(老病死)'에서 탈출하는 것은 아니지만, 적어도 저 자신과 암환우들에게 희망과 용기는 줄 수 있다고 믿었습니다.

때문에 단순히 '투병 시집'이 아닌 '췌장/위/십이지장/담낭/갑상선샘/림프암 투병 생존시집'으로 '암으로부터의 생존을 노래한 시'쓰기에 전념했습니다.

언제 손을 내밀지 모르는 죽음.

암환자는 그 '불안'과 '두려움'의 공간에 갇힌 사람들로 하루하루가 고통의 나날입니다. 저 역시 그 공간에서 자유로울 수 없었습니다. 다만, 생존 시 쓰기에 몰입하면서 마음의 안정과 중증암환자도 새 삶을 살 수 있다는 용기를 얻었습니다.

비록 잠이 들면 그때가 밤이고, 눈을 뜨면 한낮인 하루가 다섯 여섯 토막으로 이어져도 불편하지 않았습니다. 오히려 밤과 낮의 구분 없이 몸과 마음의 리듬에 순응하며 매일을 새날로 엮었습니다.

매일의 새날, 그것이 바로 암 투병 생존 시입니다.

자칫 암환자의 한(恨)을 토로하는, 절망의 시 세계가 되지 않도록 시상(詩想) 선택에 신중에 또 신중을 기했습니다. '생존 시'는 절망에서 희망의 선택이기 때문입니다.

시를 쓰는 동안 선조들의 명의(名醫) 정의에 감히 근접하려고 노력했습니다. 제1의 명의는 환자 마음으로 병을 치료하는 의사, 제2는 식이요법 먹을거리로, 제3은 한약과 침으로 치료하는 의사를 3대 명의라 했습니다. 이중 제1과 제2 명의 세계를 시에 접목했습니다.

환자 스스로 이겨낼 수 있는 길을 찾고 싶었습니다.

책머리에서 밝혔듯 6종류 암 투병 생존 시집에는 암 치료의 기적 비법은 단 한 줄도 없습니다. 오로지 암과 '애증의 친구'로 동행하는 시간만을 시에 담았습니다.

췌장암 재발은 수술한다 해도 예후가 좋지 않아 대부분의 환자가 '시한부 사형선고'로 받아들여 절망합니다. 저 역시 항암치료를 포기하려 했습니다. 어차피 떠날 거 그냥 사는 날까지 살자는 유혹을 뿌리치기 어려웠습니다.

다행히 중증암환자의 현실을 긍정적으로 받아들이고 '아름다운 정리'를 하는 문학의 길에서 새 삶을 찾았습니다.

암은 곧 절체절망의 죽음이 아닌 '새 생명의 동행'입니다.

세상 모든 암환자의 쾌유를 기원하는 간절한 마음으로 암 투병 생존시집을 올립니다.

2019년 12월 초하루 날에

소설가 정 병 국

소설가 정 병 국
췌장/위/십이지장/담낭/갑상선샘/림프암 투병 생존시집
새 생명의 동행

2019년 12월 5일 초판 인쇄
2019년 12월 10일 초판 발행

지 은 이 ‖ 정 병 국
발 행 인 ‖ 정 병 국

펴 낸 곳 ‖ 도서출판 지식과사람들
등록번호 ‖ 제2-3436
주 소 ‖ 서울 중구 충무로 2길 20(충무로4가 3층)
대표전화 ‖ 02-2277-7674
E-mail ‖ jisik1198@naver.com
ISBN ‖ 978-89-94571-48-5

값 10,000원

·인지는 저자와의 합의로 생략합니다.
·잘못된 책은 교환해 드립니다.